AF438289

TRAVAUX

ET

TITRES SCIENTIFIQUES

DU

Docteur MUNARET

1830-1866

LYON

IMPRIMERIE DE P. MOUGIN-RUSAND

3, rue Stella, 3

1866

I.

TRAVAUX.

A. — Ouvrages imprimés.

1. MÉDECINE DE L'ÉTUDE, thèse inaugurale, 1 vol. in-4 de 55 pages; Montpellier, 1830.

2. PROMENADE CHIRURGICALE A LAUSANNE, brochure in-8 de 87 pages; Paris, 1837.

3. DU MÉDECIN DE CAMPAGNE ET DE SES MALADES, mœurs et science; Paris, 1837, 2 vol. in-8 de 900 pages, avec gravures (1).

4. DISPENSAIRE SPÉCIAL pour le traitement des vénériens indigents de la ville de Lyon, son but et ses moyens, brochure in-8 de 32 pages; Lyon, 1840.

5. LETTRE A MM. LES MEMBRES DU CONGRÈS SCIENTIFIQUE DE LYON, qui s'intéressent à la réorganisation médicale, brochure in-8 de 15 pages; Lyon, 1841.

(1) Cet ouvrage, devenu classique, compte trois éditions; la dernière a été publiée en 1862, sous ce titre : *Le Médecin des villes et des campagnes.*

6. ANNUAIRE DE L'ÉCONOMIE MÉDICALE, 1 vol. in-18 de 350 pages; Paris, 1845.

7. NOTICE SUR MATHIAS MAYOR, sa vie et ses travaux, brochure in-8 de 104 pages, avec portrait; Lyon, 1847.

8. LES TROIS SOURCES DE SAINT-GALMIER, brochure in-8 de 30 pages; Lyon, 1849.

9. LETTRE A M. LE DOCTEUR DIDAY, sur les eaux de Saint-Galmier, brochure in-8 de 8 pages; Lyon, 1852.

10. LETTRE A M. LE PRÉSIDENT DE L'ACADÉMIE NATIONALE DE MÉDECINE, sur l'emploi des granules en médecine, brochure in-8 de 6 pages; Paris, 1852.

11. SUPPLIQUE AU PRÉSIDENT DE LA RÉPUBLIQUE en faveur de la création d'une maison et d'une caisse de retraite pour les médecins vieux et infirmes, brochure in-8 de 8 pages; Paris, 1852.

12. ELOGE HISTORIQUE DE CHARLES PRAVAZ, lu à l'association des médecins du Rhône, dans sa séance générale annuelle du 18 mai 1854, brochure in-8 de 60 pages; Lyon.

13. LETTRE AU DOCTEUR LOREAU, pour justifier l'intervention judiciaire comme moyen répressif du charlatanisme, brochure de 20 pages; Lyon, 1857.

14. LETTRE A M. LE CURÉ DE ST-D***, sur les bains à vapeur térébenthinée, brochure de 15 pages; Lyon, 1857.

15. LETTRE SUR L'HIPPOPHAGIE, brochure de 15 pages; Lyon, 1858.

16. ICONAUTOGRAPHIE DE JENNER, brochure de 70 pages; Lyon, 1860.

17. NOTES BIBLIOGRAPHIQUES ET MÉDICALES sur le perchlorure de fer, brochure de 15 pages; Paris, 1861.

18. DE LYON A AVIGNON. Lettre au docteur Dumont, brochure de 15 pages; Lyon, 1861.

19. LES EAUX MINÉRALES DU VIVARAIS, brochure de 12 pages; Paris, 1862.

B. — Mémoires inédits, Articles de journaux.

20. Mémoire sur le bronchocèle, observé et guéri par l'iode pour la première fois chez l'espéce canine, couronné en 1826 par la Société médicale de Toulouse.

21. Sur l'emploi de l'émétique a hautes doses dans le traitement des phlegmasies de poitrine. — *Gazette médicale* de Paris, 1833.

22. Deux observations pour servir à l'histoire de l'émétique, comme médicament et comme poison ; même journal, 1833.

23. Accouchement immédiatement suivi de l'expulsion du placenta ; réflexions à ce sujet. — Même journal.

24. Sur l'emploi du nitrate d'argent dans le traitement de certaines ophthalmies. — Même journal, 1834.

25. Lettre médicale à M. Jules Guérin, sur l'emploi du chlorure d'oxide de sodium, pour guérir les fièvres intermittentes. — Même journal, 1834.

26. De l'usage intempestif des sangsues. — *Journal des Sciences physiques, chimiques, etc.*, de France, 1834.

27. Hépatite et phthisie au dernier degré, guéries par l'ouverture d'abcès. — *Gazette médicale* de Paris, 1834.

28. Trois lettres chirurgicales à M. Mayor (de Lausanne), sur les appareils hyponarthéciques. — Même journal, 1835 et 1836.

29. Mémoire sur le traitement des fièvres intermittentes par le chlorure d'oxide de sodium, adressé à l'Académie royale des sciences, et honoré d'une mention au concours Monthyon, 1835.

30. JUSTIFICATION MÉDICALE DU CYANURE DE POTASSIUM. — *Gazette médicale* de Paris, 1835.

31. JOURNAL D'UN MÉDECIN DE CAMPAGNE, adressé à l'Académie royale de médecine, 1835.

32 DEUX MÉMOIRES SUR LE TRAITEMENT DES FRACTURES DE CÔTES, avec un appareil, adressés à l'Académie royale de médecine, 1835. — Rapport favorable.

33. MÉMOIRE SUR UNE ÉPIDÉMIE DE VARIOLE, adressé au Comité central de la vaccine, 1835. — Rapport favorable.

34. DEUX OBSERVATIONS DE HERNIE ÉTRANGLÉE, opération, réflexions. — *Gazette médicale* de Paris, 1837.

35. NOTICE BIOGRAPHIQUE SUR COSTE, six pages in-8. — Compte-rendu des travaux de la Société d'émulation de l'arrondissement de Nantua, tome I, page 167.

36. SUR LE SAINT SÉBASTIEN D'EUGÈNE DELACROIX, tableau donné par le Gouvernement à l'église de Nantua. — *Revue Sébusienne*, 1837.

37. CAUSERIES DU MOIS. — Feuilletons de la *Gazette médicale* et du *Journal de médecine de Lyon*, de l'*Abeille médicale*, etc.

38. MÉMOIRE SUR LE COW-POX, découvert à Brignais en 1850. — Honoré d'une médaille d'argent par la Commission permanente de vaccine du département du Rhône.

C. — Appareils, Instruments.

39. CEINTURE RÉDUCTIVE ET CONTENTIVE, pour la fracture des côtes; voir le *Médecin de campagne*, tome II, page 94, figure 15.

40. LANCETTIER-SCARIFICATEUR. Même ouvrage, tome II, page 29, figure 9; se trouve chez Charrière, à Paris.

41. Appareil pour le traitement des fractures (hyponar-
thécie de Mayor), importé en France et perfectionné.
— Voir sa description et son appréciation dans le Dic-
tionnaire de médecine et de chirurgie, tome XIII, ar-
ticle *Fracture*.

42. Boucle inaxillaire; dans le *Médecin de campagne*,
tome I, page 29, figure 8. — M. Baudens le recom-
manda pour le service des ambulances, après l'avoir
essayée sur le bras fracturé du duc de Nemours.

43. Cloche pour le dégorgement des sangsues. — Même
ouvrage, tome II, page 324, figure 10.

44. Appareil Sacciforme pour éthériser. — 1847.

D. — Pratique. — Services publics.

45. Trente-six années de pratique médicale au milieu des
populations pauvres et ignorantes de la campagne,
avec un zèle et un désintéressement de notoriété publique.

46. Médecin-vaccinateur, pendant vingt-six ans, des can-
tons de Vaugneray et Saint-Genis-Laval (Rhône), par
arrêté du Préfet.

47. Membre correspondant du Conseil d'hygiène publique
et de salubrité de l'arrondissement de Lyon, pour le
canton de Saint-Genis-Laval, nommé par le Préfet.

E. — Fondation.

48. Dispensaire spécial. — Ce Dispensaire a été fondé, le
1er janvier 1841, par le docteur Munaret, et il est
entretenu, comme celui de la rue Tupin, par la charité de ses membres souscripteurs.

Son but est d'accorder gratuitement les secours de la médecine, de la chirurgie et de la pharmacie aux vénériens indigents de notre ville.

La distribution cellulaire de cet établissement permet à chaque malade de se rendre aux consultations, d'attendre son tour et de se retirer sans être vu.

Les femmes sont admises à consulter les mercredis et samedis, de deux à quatre heures.

Les hommes sont admis les lundis et vendredis, aux mêmes heures.

L'administration du *Dispensaire spécial* se compose de douze membres, dont le nombre peut être porté à vingt-quatre, suivant les besoins de l'œuvre, etc.

(*Extrait de l'*Annuaire départemental).

PIÈCES JUSTIFICATIVES

Certificat de fondation.

Les soussignés, Jean-Louis BRACHET, chevalier de la Légion-d'Honneur, docteur en médecine, professeur à l'Ecole de Médecine de Lyon, président du Dispensaire spécial de la même ville, et Henri DURAND, conseiller à la Cour d'appel, secrétaire du Dispensaire spécial, certifient que le Dispensaire spécial de Lyon, consacré au traitement gratuit des maladies vénériennes dans la classe indigente et dans la classe ouvrière, a été créé par le zèle actif et plein de charité de M. le docteur Munaret; que seul (M. Munaret), il a recueilli les souscriptions qui ont permis l'établissement de cette institution bienfaisante; que depuis sa création (en 1840), l'œuvre a constamment progressé sur les bases posées par le fondateur, et que mille malades sont annuellement traités et guéris.

En foi de quoi nous avons signé le présent certificat pour valoir ce que de droit.

Lyon, le 13 juillet 1849.

DURAND, *secrétaire*.   BRACHET, *président*.

Le Maire de Lyon, en légalisant la signature de MM. Durand et Brachet, certifie que l'œuvre du Dispensaire spécial a été organisée par M. le docteur Munaret, qui s'y est consacré avec un zèle digne d'éloges.

Lyon, le 7 août 1849.

FRAISSE, *adjoint*.

Vu pour légalisation de M. Fraisse, adjoint au Maire de cette ville, par le Préfet du Rhône, qui certifie que les faits énoncés sont exacts.

Lyon, le 27 août 1849.

Pour le Préfet :

Le secrétaire-général délégué,

A. PELVEY.

Le Dispensaire spécial jugé par le Conseil de salubrité du département du Rhône.

« Mais une sorte de flétrissure est attachée par l'opinion au séjour des malades dans l'établissement de l'Antiquaille, et beaucoup de jeunes ouvrières reculent devant les formalités qui leur sont imposées. Pour obtenir d'y être admises, elles sont obligées d'aller faire l'aveu de leur honte à un commissaire de police et de le renouveler dans les bureaux de la police municipale. Cette nécessité cruelle contraint beaucoup de filles et d'ouvriers de s'adresser à des charlatans qui ajoutent la grave complication de leur ignorance au virus syphilitique. L'institution d'un dispensaire secret était une bonne pensée, elle devait réussir. Une autre considération la motivait : un artisan est privé de tout salaire pendant la durée de son séjour dans l'hospice ; cependant son mal a rarement assez d'intensité pour lui ôter la possibilité de se livrer à son travail. Grâce au DISPENSAIRE SPÉCIAL pour les affections syphilitiques, fondé en 1841 par la charité publique et par M. Munaret, l'ouvrier, aujourd'hui, est traité par des médecins capables et ne quitte pas son atelier. Quand cette institution philanthropique aura reçu toute l'extension qu'elle comporte, l'hospice de l'Antiquaille n'admettra plus dans ses salles que les filles enregistrées et les maladies vénériennes extrêmement graves.

(Extrait de l'*Hygiène de la ville de Lyon, ou Opinions et Rapports du Conseil de Salubrité du département du Rhône*, publiés par MM. Montfalcon et de Polinière, *page* 72).

Lettre du Maire de Lyon au Préfet du Rhône.

Lyon, le 9 Juillet 1850.

Monsieur le Préfet,

M. le docteur Munaret m'a exprimé le désir que les services qu'il a rendus par l'organisation du Dispensaire spécial de Lyon fussent portés à votre connaissance par le maire de cette ville.

Je me rends volontiers à ce désir, Monsieur le Préfet, et j'ai l'honneur de vous annoncer qu'il résulte des renseignements officiels qui m'ont été fournis, que si le Dispensaire spécial a pu être organisé à Lyon, c'est grâce à la généreuse initiative de M. le docteur Munaret, qui a déployé pour cette création, si utile à la classe ouvrière et indigente, le zèle le plus actif, le plus persistant, et n'a reculé devant aucune des difficultés inhérentes à toute œuvre nouvelle, alors même qu'elle est destinée à produire les meilleurs résultats (le Dispensaire traite actuellement plus de mille malades).

En considérant, d'autre part, que M. Munaret s'est signalé dans le monde médical ou scientifique par un grand nombre de publications remarquables, on doit reconnaître que ce praticien aurait des titres réels à la faveur du Gouvernement, s'il croyait devoir la solliciter, et je ne puis, Monsieur le Préfet, que vous prier de vouloir bien, au besoin, lui prêter l'appui de votre recommandation.

Veuillez agréer, Monsieur le Préfet, l'assurance de ma plus haute considération.

Le Maire de Lyon, REVEIL.

II.

TITRES SCIENTIFIQUES

ET LITTÉRAIRES.

I. — 1825. — Bachelier ès-lettres de l'Académie de Lyon.

II. — 1825. — Bachelier ès-sciences de l'Académie de Grenoble.

III. — 1830. — Membre de la Société d'Emulation médicale de Toulouse.

IV. — 1830. — Membre correspondant du Cercle médical de Montpellier.

V. — 1830. — Membre titulaire de la Société chirurgicale d'Emulation de la même ville.

VI. — 1830. — Secrétaire de la susdite Société.

VII. — 1830. — Docteur en Médecine de la Faculté de Montpellier.

VIII. — 1836. — Membre correspondant de la Société des Sciences physiques, chimiques et Arts industriels et agricoles de France.

IX. — 1836. — Membre honoraire de la Société vaudoise des Sciences médicales.

X. — 1837. — Membre correspondant de la Société royale de Médecine de Bordeaux.

XI. — 1838. — Membre correspondant de la Société des Sciences médicales et naturelles de Bruxelles.

XII. — 1838. — Membre correspondant de la Société médico-pratique de Paris.

XIII. — 1838. — Membre correspondant de la Société royale d'Emulation, d'Agriculture, Sciences et Arts du département de l'Ain.

XIV. — 1838. — Membre correspondant de l'Académie royale des Sciences, Belles-Lettres et Arts de Rouen.

XV. — 1838. — Membre correspondant de la Société médicale d'Emulation de Paris.

XVI. — 1838. — Membre correspondant de la Société royale de Médecine de Marseille.

XVII. — 1838. — Membre correspondant de l'Académie royale des Sciences, Arts et Belles-Lettres de Dijon.

XVIII. — 1838. — Membre correspondant de la Société académique du département de la Loire-Inférieure.

XIX. — 1839. — Membre correspondant de la Société médicale de la principauté du grand-duché de Bade.

XX. — 1839. — Membre associé de l'Académie royale des Sciences, Arts et Belles-Lettres de Caen.

XXI. — 1840. — Membre correspondant de l'Académie royale de Metz.

XXII. — 1841. — Membre associé de l'Académie royale des Sciences, Inscriptions et Belles-Lettres de Toulouse.

XXIII. — 1841. — Membre titulaire de la Société médicale d'Emulation de Lyon.

XXIV. — 1842. — Membre associé de l'Académie des Sciences, Belles-Lettres et Arts de Clermont-Ferrand.

XXV. — 1843. — Membre correspondant de la Société de Médecine de Lyon.

XXVI. — 1844. — Membre correspondant de l'Académie royale des Sciences, Arts et Belles-Lettres de la même ville.

XXVII. — 1847. — Membre correspondant de l'Académie royale de Médecine et de Chirurgie de Turin (Piémont).

XXVIII. — 1847. — Membre correspondant de la Société d'Emulation, Agriculture, Sciences et Arts de l'arrondissement de Nantua (Ain).

XXIX. — 1850. — Secrétaire de l'Association de Prévoyance et de Secours des Médecins du Rhône.

XXX. — 1862. — Membre correspondant de l'Académie nationale de Médecine et de Chirurgie de Cadix.

XXXI. — 1862. — Membre correspondant de l'Académie royale de Savoie.

XXXII. — 1862. — Membre correspondant de l'Académie royale de Médecine de Belgique.

XXXIII. — 1862. — Membre correspondant de la Société de Médecine d'Alger.

Lyon, impr. de P. Mougin-Rusand.